CONGRÈS OUVRIER

2 OCTOBRE 1876

DISCOURS

PRONONCÉ DEVANT LA SIXIÈME COMMISSION, ET DÉPOSÉ SUR
LE BUREAU DU CONGRÈS, LE 8 OCTOBRE, A LA SÉANCE DU SOIR

*Nous voulons l'extinction du Paupérisme
en France*

SOLUTION

PRIX : 25 centimes

EN VENTE CHEZ TOUS LES LIBRAIRES

La vente de cette brochure est au profit de la fondation
de la Société Coopérative : *l'Équité Économique.*

CONGRÈS OUVRIER

2 OCTOBRE 1876

DISCOURS

PRONONCÉ DEVANT LA SIXIÈME COMMISSION, ET DÉPOSÉ SUR
LE BUREAU DU CONGRÈS, LE 8 OCTOBRE, A LA SÉANCE DU SOIR

*Nous voulons l'extinction du Paupérisme
en France*

SOLUTION

Picha (J.)

PRIX : 25 centimes

EN VENTE CHEZ TOUS LES LIBRAIRES

La vente de cette brochure est au profit de la fondation
de la Société Coopérative : *l'Equité Economique.*

CONGRÈS OUVRIER

2 OCTOBRE 1876

DISCOURS

PRONONCÉ DEVANT LA 6ᵉ COMMISSION, ET DÉPOSÉ SUR
LE BUREAU DU CONGRÈS, LE 8 OCTOBRE, A LA SÉANCE DU SOIR

*Nous voulons l'extinction du Paupérisme
en France.*

SOLUTION

PRIX : 25 centimes

EN VENTE CHEZ TOUS LES LIBRAIRES

La vente de cette brochure est au profit de la fondation
de la Société Coopérative : *l'Équité Économique.*

CONGRÈS OUVRIER

2 Octobre 1876

DISCOURS

PRONONCÉ DEVANT LA SIXIÈME COMMISSION

Nous voulons l'extinction du Paupérisme en France.

Citoyennes et Citoyens,

Les groupes de travailleurs, dont nous tenons notre mandat, saluent avec enthousiasme l'heureuse et patriotique idée du Congrès et font des vœux sincères pour que la première étape des humbles assises du travail soit féconde en utiles et puissants résultats.

Notre mandat de délégué, Citoyens, a déterminé dans une forme et un ordre précis les questions que nous devons traiter devant le Gongrès. Le programme de notre groupe comprend : *Le Crédit, les Tarifs du travail, la Société coopérative de consommation, l'Assurance contre le chômage, les infirmités et la vieillesse, l'impôt unique, proportionnel au revenu, et enfin les moyens de résoudre ces questions :*

Ce programme nous a paru rationnel parce qu'il résume dans son ensemble l'action et la prévoyance qu'il faut mettre au service du travail.

Avant d'en aborder la discussion, vous nous permettrez

de vous dire, très-brièvement, sous quelle influence notre groupe a préparé ce programme et quelles espérances il fonde sur le Congrès.

Notre première réunion fut fiévreuse. L'idée grandiose du Congrès, les illusions qu'il faisait naître agitèrent nos esprits ; chacun de nous ne fut préoccupé que de faire connaître ses misères, ses besoins et ses aspirations. Dans les réunions qui suivirent, on s'occupa des causes présumées de l'état précaire et déplorable que subissent les classes laborieuses. Nous devons avouer que ces causes furent appréciées et jugées avec le bon sens pratique de l'expérience et une modération pleine de calme et de justesse. Aucun des membres de notre groupe ne pensa qu'il fût logique et sage de récriminer contre des faits acquis, car les temps ne sont plus aux doléances. Nous avons préféré bien préjuger l'avenir, croire au réveil de la justice, avoir foi dans l'union des forces sociales et admettre que nous saurions découvrir dans les luttes pacifiques de l'intelligence, auxquelles le Congrès nous convie, la puissance de bien faire pour l'homme de travail et pour sa liberté.

Nous avons écarté de nos discussions tous termes et moyens vagues qui peuvent frapper les imaginations, tourmenter les esprits, mais, qui ne sauraient apporter en vue de notre bien-être ni lumière, ni solution. Notre groupe ne visant qu'une ambition à satisfaire : *L'intérêt général,* a circonscrit sa pensée sur un objectif absolu, défini ; sujet grave qui fait l'entretien constant de la famille de l'ouvrier : *L'extinction du paupérisme.*

De toutes les considérations générales qui se sont produites au cours de nos études, aucune conquête économique et humanitaire ne nous a paru plus digne des légitimes convoitises du travailleur et du Citoyen : et, alors, la conviction passa vite dans nos esprits que nous aurions la clef du perfectionnement progressif des choses sociales, si nous pouvions par le concours et les efforts de tous les enfants de la France trouver les moyens efficaces de combattre et de réduire le plus terrible ennemi de l'humanité.

Pour le moment les classes laborieuses ont-elles un problème plus grave à résoudre ? Non, Citoyens, car le problème intéresse la vie et l'honneur de la Société... Le paupérisme n'est-il pas cette lèpre hideuse qui ronge aux flancs l'homme de travail, l'affaiblit et l'étiole dans sa constitution physique ? N'est-ce point encore le *paupérisme* qui jette le trouble dans ses forces intellectuelles et jusque dans l'honnêteté de sa conscience ?... Maintenant, est-il nécessaire de vous faire toucher du doigt que le *paupérisme* est la preuve flétrissante, accusatrice d'une organisation économique anormale, qui se meut sous les lois arbitraires des despotismes et qu'il en est la résultante funeste et fatale ? Si une organisation économique bienfaisante était dans la pratique de nos mœurs, le *paupérisme* s'épanouirait-il, ignominieusement, dans nos Sociétés modernes comme s'il était une nécessité de la vie de labeur ?... Le verrions-nous avoir raison de la science et de tous les puissants moyens de production dont l'homme dispose ?.... Comment, la nature a doté merveilleusement l'humanité ; elle a été prodigue envers cette fille adoptive ; elle lui a ouvert un crédit sans limite et toujours renouvelable ; elle l'a couronnée du génie qui découvre et qui crée !... et, l'humanité serait impuissante à se guérir d'un mal qui la dégrade aux yeux de chacun de ses membres !.. est-ce admissible ?... Non, la nature n'a pas été imprévoyante, ses lois sont fécondes et sublimes !

Le mal que nous signalons, nous n'hésitons pas à l'affirmer de nouveau, est la conséquence logique de conditions économiques subversives. Pouvons-nous, Citoyens, modifier, changer ces conditions et en produire de meilleures ? Cela ne peut faire doute dans l'esprit des travailleurs, et notre groupe l'a pensé, ainsi, en exprimant un vœu que

toutes les phalanges ouvrières accueilleront, bien certainement, avec la plus ardente sympathie : ce vœu, Citoyens,
c'est *l'extinction du paupérisme.*

Pardonnez-nous cette disgression. Elle était nécessaire pour bien vous démontrer quel mobile sérieux
avait dirigé notre groupe dans le choix des questions
que nous avons à soumettre à votre examen et à discuter
avec vous. Un mot, encore, avant d'entrer en matière.
Notre groupe espère que le Congrès ouvrier de 1876 sera
l'éclosion d'un grand parti actif du travail et de l'union
de phalanges ouvrières de France. Il faut grouper les
forces économiques et provoquer à l'étude et à l'action
tous les hommes qui s'intéressent sincèrement au travail.

Rappelons-nous que pratiquer l'exclusivisme, c'est appliquer la maxime chère à tous les despotismes : Diviser
pour régner. Et, osons dire contre les doctrinaires de l'exclusivisme que les classes laborieures ne trouveront le
chemin des saines et bonnes solutions qu'en unissant tous
les concours et tous les citoyens pour la réalisation du bien
possible.

Nous allons, maintenant, revenir à notre programme et
vous démontrer à notre point de vue, Citoyens, sa valeur
économique, et vous prouver, c'est là notre espérance, que
l'extinction du paupérisme dépend surtout de l'intelligente et équitable application des forces et moyens que
nous allons mettre en lumière.

Pour bien nous faire comprendre, nous pensons qu'il est
indispensable d'indiquer, tout d'abord, quelques-unes des
principales causes du paupérisme. Mais, soyez rassurés,
Citoyens, nous mettrons le plus grand soin à écarter toutes
celles qui pourraient nous engager sur le terrain brûlant
de la politique. Nous savons que, tous, dans cette
assemblée, nous sommes des représentants du travail

et qu'il est de notre devoir de n'y exprimer que des sentiments de concorde et de paix.

Et avant toutes choses disons que le congrès est une œuvre de pacification. Maudissons les années de tourmente sociale et les guerres qui frappent fatalement le travail d'impuissance et de stérilité. Déclarons, hautement, que nous voulons faire avancer la civilisation.

Non, nous n'oublierons pas que les ouvriers de France, se sont réunis dans le but d'accomplir une œuvre de justice et de progrès, et nous prierons la Presse de dire à tous les peuples que telle est leur pensée, telle est leur volonté.

Citoyens, parmi les causes principales du paupérisme que l'expérience pratique dans sa haute sagesse signale à notre esprit, nous pouvons citer celles-ci :

« Ignorance au point de vue professionnel et économique.

« Production agricole et industrielle inférieure aux besoins de la consommation.

« Application mal proportionnée dans la répartition des produits.

« Excès ou insuffisance d'ouvriers dans les branches agricoles et industrielles.

« Surabondance d'employés au service de professions très-secondaires ou inutiles.

« Fraudes, frais et bénéfices énormes de trop nombreux intermédiaires.

« Accroissement disproportionné des charges publiques avec la somme de production.

« Mauvaise assiette de l'impôt.

« Impôts excessifs.

« Régime inorganique et coûteux des assurances.

« Monopoles financiers, industriels, commerciaux, etc-

« Chômage.

« Perturbations politiques.

Ainsi, à nos yeux, voilà l'état de choses dont le *paupé-*

risme est la fatale conséquence et contre lequel il faut réagir.

Les moyens de réagir quels sont-ils ?

Les voici :

« Crédit large et libéral à l'école, à la ferme, à l'atelier ;

« Sage répartition des fruits du travail ;

« Equité dans l'échange des produits ;

« Suppression des fraudes ;

« Assurances contre le chômage, les infirmités et la vieillesse ;

« Impôt unique et proportionnel sur le revenu ;

« Paix intérieure, paix au dehors ;

Et enfin, citoyens, quelques bonnes lois protectrices du travail.

Sur ce dernier point, nous exprimerons, très-humblement, un vœu aux législateurs de la République française et nous souhaiterons que ce vœu soit pris en sérieuse considération.

Si les ouvriers des villes et des campagnes osent élever la voix jusqu'aux représentants du peuple, c'est que ces ouvriers tiennent à faire connaître qu'ils désirent très-sincèrement que notre agriculture et notre industrie occupent le premier rang dans le monde et que la France soit la grande ouvrière des peuples... C'est ainsi qu'ils comprennent les devoirs du travailleur et du citoyen.

Nous allons essayer, maintenant, de faire ressortir que ce sont là les chemins sûrs qui nous conduiraient à l'*extinction du paupérisme*, si nous voulons résolument agir et faire entrer ces moyens dans les voies pratiques de l'application.

I

Le Crédit

De l'Ensemble de notre programme contre *le Paupérisme* le premier moyen d'action c'est le Crédit. On entend par crédit dans le monde des affaires une avance de capitaux utiles au travail et à la spéculation. Le Crédit est remboursable à termes plus ou moins rapprochés. Les capitaux se nomment espèces, marchandises, outillage, matières premières, etc., etc...... Le Crédit s'obtient à des conditions plus ou moins onéreuses selon les risques et le temps à courir pour atteindre l'échéance du remboursement. Le Crédit ne s'applique, en général, qu'entre établissements financiers, commerciaux, et industriels présentant des sécurités matérielles d'une valeur bien palpable.

On ne cite encore que des cas isolés de crédit aux travailleurs. L'intelligence, les bras et l'honnêteté d'un ouvrier, jusqu'à présent, ne sont point pour les prêteurs une garantie suffisante. Le Crédit n'est donc qu'à l'enfance de l'art dans l'œuvre de production.

Le défaut, presque absolu, de crédit aux travailleurs nous fait toucher du doigt une des causes qui constituent l'état précaire que subissent les classes laborieuses. Le Crédit étant le nerf du travail et de la production, nous comprendrons tous qu'élargir le crédit, ce serait développer le moyen puissant de créer des ressources précieuses pour produire et activer des courants économiques, réguliers et rénumérateurs.

Si nous voulons l'*Extinction du Paupérisme*, organisons un large crédit pour produire le plus possible. Mais, pour développer, utilement, la production et la pousser jusqu'à ses dernières limites, si cela est indispensable, le crédit n'est-il pas nécessaire à tous ? Noublions pas que partout où le crédit fait défaut, nous ne rencontrons qu'une production insuffisante. Conséquemment, point d'épargne, et partout gêne et misère pour le plus grand nombre.

Le Crédit, vous le voyez, a une importance sociale capitale. Il faut donc le faire surgir dans tous les domaines de l'économie, afin qu'il porte partout la fécondité. Croyez-nous, citoyens, il n'y a qu'un moyen de prouver la sincérité de nos manifestations sociales et humantaires, c'est d'organiser sur des bases larges et solides le Crédit intellectuel, le Crédit moral, le Crédit matériel. Qui veut la fin, veut les moyens. Si, loyalement, nous conspirons contre le *Paupérisme*, nourrissons l'âme du travailleur d'instruction, de patience, de courage, de moralité. Faisons le fort dans le travail et son labeur produira des fruits abondants pour les besoins de la famille et de la patrie. Que nous manque-t-il donc pour atteindre notre but ? Rien. Ne possédons-nous pas la terre, l'eau, l'air, la chaleur, la lumière, le mouvement ? Quand nous saurons diriger et utiliser ce puissant crédit de la nature pour en obtenir toute la résultante, alors Citoyens, nous aurons depuis longtemps vaincu le *Paupérisme*, car nous aurons fait jaillir toutes les sources de la vie.

II

Les Tarifs du Travail

Nous ne nous étendrons pas d'avantage sur la question du crédit. Nous pensons que l'exposé sommaire que nous venons de présenter à l'Assemblée, l'édifiera, suffisamment, sur la valeur du crédit et la nécessité impérieuse de l'organiser et de le développer.

Le Crédit se liant, intimement, à l'œuvre de production, nous sommes logiquement conduits, à la deuxième question de notre programme : les Tarifs du Travail, expression consacrée pour déterminer la part attribuée au service rendu par l'ouvrier.

Pour jeter le plus de lumière possible sur cette grave question, nous croyons qu'il est de notre devoir de présenter, tout d'abord, l'ouvrier pour ce qu'il est et pour ce qu'il vaut, car dans le monde des affaires on ne parait pas avoir encore bien conscience du rôle essentiel qu'il remplit.

Qu'est-ce donc que l'ouvrier ? L'ouvrier c'est l'homme qui

transforme et prépare les produits pour les besoins de la consommation et de la production ; sans son concours la vie sociale s'éteindrait. Sous sa main intelligente l'idée prend une forme utile, échangeable. Nous pouvons dire, aussi, que toutes les grandes conceptions du génie ne seraient que des rêves, si l'ouvrier n'intervenait pour les glorifier dans la matière. La pensée est impuissante quand l'ouvrier ne lui vient point en aide : tel est le mandat de l'ouvrier.

Si l'ouvrier remplit un rôle aussi essentiel dans les sociétés modernes, on comprendra tout l'intérêt qui se rattache à la question des tarifs rénumérateurs. Comment donc répartir avec équité ce qui revient à chacun dans l'œuvre de production ? Nous savons tous que le produit se forme sous l'action et avec le concours de trois facteurs : l'idée, le capital, l'ouvrier. Voilà la question de principe de toute production. Mais de là à l'échelle de répartition graduée en proportions équitables, il y a loin. — On peut affirmer que sous le régime financier, commercial et industriel en vigueur cette question des tarifs ne trouvera jamais une solution conforme à l'équité et pour les motifs que nous allons exposer.

Le travail n'est-il pas forcé d'accepter toutes les conséquences d'une concurence subversive, qui ne nous a jamais conduits qu'aux monopoles et à leurs abus ? Tant que ces conditions subsisteront, les tarifs du travail resteront soumis aux caprices arbitraires de la spéculation et ne seront jamais l'expression exacte du service rendu et des risques courus par les travailleurs : Voilà l'affligeante fatalité économique que personne ne peut nier.

Les réclamations et les plaintes qui s'élèvent de toutes parts donnent une valeur incontestable à notre observation, et s'il était utile de l'appuyer par des faits, Citoyens, nous ajouterions que les tarifs du travail qui paraissent rénumérateurs ne sont que de pures illusions devant la cherté scandaleuse des produits, devant les fraudes de toute nature, devant l'élévation anormale des loyers et la progression inique des impôts etc... mais, comment l'ouvrier pourra-t-il sortir de ces conditions fàcheuses ?

On a souvent mis en avant ce qui paraissait-être un palliatif : L'*augmentation des salaires*. Ce moyen a provoqué les résistances, les grèves, et, enfin de compte, les travailleurs ont été obligés de reconnaître l'impuissance absolue de ce correctif. Et, en effet, confinés que nous sommes dans un cercle économique vicieux, la cause ne changeant pas, les effets sont restés les mêmes, désastreux. Nous savons tous, aujourd'hui, que poursuivre l'augmentation progressive des salaires, c'est élever les prix de toutes choses dans les mêmes proportions, si ce n'est plus, car la spéculation règne arbitrairement et sait compter. L'augmentation des salaires n'apportant aucun correctif bienfaiteur dans notre régime économique doit être abandonnée.

Mais, Citoyens, sommes-nous donc dans une impasse dont on ne puisse plus sortir ? Evidemment, non. L'expérience est là qui nous indique les voies praticables dans lesquelles les travailleurs doivent s'engager. Il faut organiser *la participation dans l'association* ; en d'autres termes, il faut fonder *l'union solidaire des intérêts.*

Mais, n'allons pas croire que nous trouverons dans ce contrat nouveau notre sauvegarde contre toutes les déceptions de la vie de labeur et que l'abondance s'offrira immédiatement à nos besoins. Non, certes ; car dans toute constitution, il s'y rencontre toujours un élément désorganisateur. Nous ne devons nous attendre à voir la participation porter de bons fruits que si nous savons frapper d'inertie les causes de perturbation.

Quelles seront les bases du nouveau contrat du travail ? Elles seront ce que veut la justice : *à chacun le fruit de son œuvre et sa part de solidarité.*

III

Société coopérative de Consommation

Ainsi donc, ce qu'il faut trouver, c'est le mécanisme producteur et protecteur, tout à la fois, de la solidarité des intérêts.

Ce puissant moyen, nous le rencontrons dans les sociétés coopératives de consommation, unies par le lien fédéral. Troisième question de notre programme.

Sur ce point, quelques observations sont nécessaires pour établir le principe moral et protecteur de la société coopérative de consommation ; les voici :

La société coopérative de consommation *ne bénéficie sur aucun de ses membres*. Ses produits ne sont imposés que pour couvrir les frais de distribution et les risques de détérioration et de vente. Nous conseillerons d'imposer aussi le produit, comme le font les intermédiaires, pour constituer l'épargne solidaire, sans laquelle tout affranchissement économique devient impossible.

Devant ce fonctionnement, il est facile de constater que la société coopérative de consommation nous met à l'abri des fraudes commerciales, de l'exagération des frais et bénéfices de vente et qu'elle établit des rapports directs entre les consommateurs et les producteurs. Mais, ce n'est pas là tous ses avantages : elle peut être le mécanisme régulier de la concentration de l'épargne ; elle peut en être le répartiteur. Aucun contrôle sur la production ne sera mieux exercé que par elle et avec plus d'équité. Et enfin, elle devient le trait d'union des producteurs, puisqu'ils sont tous consommateurs. A ce double titre, la société coopérative de consommation sera toujours à l'avant-garde du progrès.

IV

Les assurances contre le chômage, les infirmités et la vieillesse

CITOYENS,

Le principe d'équité coopérative étant admis et appliqué, il changera toutes les conditions anormales dans lesquelles se meut notre société. Oui, en généralisant l'application de l'équité coopérative, nous atteindrons la réalisation des légitimes aspirations des travailleurs. Mais, ce que nous pouvons dire bien haut, c'est que le capital y trouvera les plus larges sécurités. C'est aussi par l'application coopérative dans le crédit, dans l'œuvre de production, dans l'échange des produits que nous combattrons avec efficacité toute l'action malfaisante du paupérisme.

Sur ce dernier point, il nous est facile d'en donner une preuve puissante et incontestable. Du fait de la transmission directe des produits aux consommateurs par la société coopérative de consommation, il résultera une économie telle que les producteurs et nos malheureux et sympathiques déshérités y rencontreront une ample moisson. Les statistiques industrielles, financières et commerciales ne sont-elles pas là pour confirmer nos dires ? Nous pourrions chiffrer, déjà, à vol d'oiseau, un écart de quelques milliards entre la production et la consommation. S'il s'élevait des contradicteurs contre nos affirmations, nous leur opposerions le nombre incommensurable des intermédiaires : là, où ils doivent être cinq, ne sont-ils pas trente et plus ?

Si nous avons un écart entre la production et la consommation de plusieurs milliards, il nous est donc facile, en les reprenant aux intermédiaires, d'assurer les honnêtes et énergiques travailleurs contre le chômage, nos pauvres

infirmes contre l'égoïsme social, et les honorables vétérans
du travail pour les services qu'ils ont rendus. Mais, constatons, en outre, qu'il suffira d'appliquer seulement au service des assurances une petite part de ce que prélèvent sur
nous les intermédiaires, pour que nos sinistrés soient tres-satisfaits. Ajoutons encore que de ce fait ni assurés, ni assureurs n'auront à s'imposer aucun sacrifice nouveau. —
Nous nous résumerons sur cette question, en faisant remarquer que la société coopérative de consommation nous
vient en aide pour l'application des assurances contre le
chômage, les infirmités et la vieillesse ; — elle concentre
l'épargne que nous reprenons aux intermédiaires, — et elle
peut en faire elle-même la répartition à nos sinistrés : —
telle est l'importance de notre quatrième question.

V

L'impôt unique proportionnel au revenu

Nous allons aborder la cinquième et dernière question
de notre programme : *l'impôt unique proportionnel au
revenu.*

Citoyens, ne vous attendez pas à une revue rétrospective contre l'impôt, nous laisserons cette tâche difficile aux
vastes intelligences. Discuter longuement contre l'utilité
et la nécessité de tous ces courants qui se contrarient, se
superposent pour aller verser dans les caisses du Trésor le
cinquième environ de la production nationale, tel n'est
point notre mandat. Mais, le devoir que nous avons à
remplir devant le Congrès, c'est de constater que l'impôt
pèse très durement sur le travail, qu'il aggrave le paupérisme dans des proportions très-affligeantes, et de vous dire
qu'il importe d'en modifier l'application dans un sens vraiment équitable.

Incidemment, voulez-vous nous permettre, Citoyens, de
rappeler qu'il existe, encore, bon nombre de très-honnêtes,

bourgeois qui croient que l'impôt ne pèse que sur le riche, le financier, le commerçant, l'industriel, et que toutes les classes laborieuses en sont, pour ainsi dire, exonérées. Ces âmes placides, ne jugeant les choses d'ici-bas qu'au travers des plus riants mirages, sont convaincues que les travailleurs jouissent réellement des plus grandes immunités. A l'encontre qu'il nous soit permis de répondre à cette opinion, aussi pittoresque que fantaisiste, que le contraire est de la plus exacte vérité. Une simple observation va le prouver.

Si nous jetons les regards sur le sol, principe de toute production, nous constatons que l'atelier agricole, la ferme en un mot, se trouve grévée souvent au-dessus de ses forces avant que la plante ne lève. Puis, si nous suivons le produit dans ses nombreuses migrations et transformations avant d'arriver aux consommateurs, alors, nous sommes obligés de reconnaître par surcroit qu'à chaque étape du voyage le produit diminue en valeur utile, consommable d'une somme égale à celle que représente le poids des impôts, des frais, des bénéfices, des assurances que prélève chaque intermédiaire pour les besoins de sa cause. Et, quand la solution du *problème-échange* touche à sa fin, c'est-à-dire lorsque le travailleur troque son salaire contre les produits que détient le dernier marchand, que va-t-il lui rester à consommer? Rien. Rien... Pardonnez-nous, Citoyens, ce cri de la conscience contre les anomalies économiques de notre temps, car je vais m'empresser de reconnaître que la série des échanges n'aura pas dépouillé entièrement le travailleur; il lui restera quelque chose à consommer; mais quoi? des produits frelatés, sophistiqués.

Serons-nous au-dessous de la vérité en affirmant que les deux tiers du salaire sont absorbés par les frais de voyage du produit? Assurément non.

Nous arrêterons-là, citoyens, notre petit commentaire; mais il prouvera, nous l'espérons, la nécessité et l'urgence d'apporter plus de simplicité dans l'assiette de l'impôt et, surtout, d'en effectuer la perception proportionnellement à *la résultante vraie du revenu.* D'ailleurs, une réforme équitable dans l'assiette de l'impôt, tout le monde la désire, parce qu'elle est absolument nécessaire à tous les intérêts du travail : qu'ils se nomment agriculture, industrie, science ou art. D'où qu'ils nous tombent, les impôts excessifs sont un boulet aux pieds du Progrès.

Chaque travailleur valide doit sa part de solidarité, sans aucun doute, mais il y a des lois sacrées de l'humanité et la sagesse de la science qui nous enseignent qu'on ne doit pas demander à l'homme au-dessus de ses forces.

Citoyens, devant l'engrenage embrouillé de l'impôt et ses superpositions sans fin, on comprend qu'il demeure l'objet des plus vives critiques, et, qu'on en dise : c'est la bouteille à l'encre. Mais quoi qu'il en soit, quand on veut intervenir dans cette question de l'impôt, tous les chercheurs nous paraissent ne savoir sur quel terrain prendre pied. On trouve partout un sable mouvant, que l'on prenne son point d'appui sur le *capital* ou le *revenu produit.* De chaque côté on rencontre un état perméable à toutes les variations de hausse et de baisse dans la valeur. Il faut cependant que l'assiette de l'impôt porte sur l'un ou sur l'autre.

A notre sens, l'incidence de l'impôt ne doit frapper que sur le *revenu produit, puisque lui seul paie l'impôt.* Mais, nous venons de dire à l'instant que le *revenu produit,* ainsi que le capital, était perméable à toutes les variations de hausse et de baisse, selon les temps et les besoins. Comment, alors, établir l'échelle de proportion pour que chaque contribuable ne paie la cote personnelle

2.

que selon la résultante vraie et nette de son revenu ou de son travail ?

. On atteindrait, ce nous semble, ce résultat, *si l'on faisait porter l'incidence de l'impôt, exclusivement, sur la vente directe des produits aux consommateurs*, ou en d'autres termes, sur le chiffre d'affaires des marchands en détail. L'assiette de *l'impôt proportionnel à la dépense* est le seul guide pratique et moral de constater le revenu net de chacun. Par ce mode, le revenu net pourrait être frappé par l'impôt en proportions équitables, presque rigoureusement mathématiques, et chaque consommateur ou contribuable serait assuré de ne payer que ce qu'il doit légalement à l'Etat et rien de plus. Notons, encore, que le revenu net, rentrant dans la circulation commerciale sous la forme monétaire par l'intervention du consommateur, offre par ce fait une valeur fixe, invariable, indiscutable et, conséquemment, non sujette à une erreur d'appréciation. Quant au fisc, il ne pourrait être inquiet sur ses recettes, puisque tous les produits consommables vont forcément à la consommation par l'entremise du marchand.

Nous trouvons aussi, citoyens, dans cette forme simple de l'impôt et son mode si facile de perception bien d'autres avantages. Ces moyens viennent dégrever d'un seul coup tous les agents de la production : Le sol, la ferme, l'usine, l'atelier, et tous les capitaux et moyens solidaires du travail sont exonérés de l'impôt. Les produits de toute nature circulent librement, sans jamais être surchargés par les droits du fisc et arrêtés par ses préposés. Il n'y a plus de barrières devant les produits, car ils ne doivent la cote proportionnelle contributive qu'au moment où *ils affirment leur utilité définitive en passant dans la consommation.* Enfin l'homme de travail et la production seraient vraiment libres, car nous en aurions fini avec l'iniquité de répartition et toutes les tracasseries administratives. — Maintenant, Citoyens, permettez-moi un mot sur le *quantum* pour cent que le marchand aurait à payer au fisc sur son chiffre d'affaires, afin de bien caractériser l'utilité et la grande importance de cette réforme. Si nous évaluons la consommation de la France au chiffre vénal de *quinze milliards*, l'impôt total étant de 2 milliards 500 millions, le *quantum* pour cent à payer sur le chiffre d'affaires serait de 16,66. — Un revenu de mille francs dépensé aurait payé au fisc 166 francs 66 centimes. — Un revenu de deux mille francs, 333 francs 32 centimes, et ainsi de suite en proportion mathématique. Une pièce de vin vendue cinquante francs ne se trouverait imposée que de 8 francs 33 centimes, mais celle vendue cinq cents francs payerait au fisc 83 francs 33 centimes, le prix des produits consommés par les travailleurs serait donc diminué dans les proportions qu'impose la justice sociale.

Nous n'insisterons pas davantage, Citoyens, sur la réforme de l'impôt telle que nous la proposons : le bref exposé que nous venons d'en faire doit vous indiquer tout le progrès qui résulterait de son application. Maintenant, il faut prévoir une objection qui nous sera faite, certainement; c'est que la vente des produits étant réalisée pour le compte et au profit des marchands, la cote proportionnelle pourra bien être viciée dans son application. Le vendeur, nous ne le savons que trop, ayant pour objectif principal et exclusif de s'enrichir au plus vite et aux dépens de ceux qui l'écoutent, emploie sa fertile et charlatanesque imagination à varier les prix des produits sans proportion vraie de leur valeur ; et dans ce cas, il faut le reconnaître, l'échelle de répartition se trouvera atteinte dans son sens équitable. Cette objection, toute sérieuse qu'elle soit, ne détruit en rien aucun des avantages de la réforme fiscale proposée, et ne pourra jamais être un motif pour s'inscrire contre son application, puisque nous subissons, depuis trop longtemps, Hélas ! tous les abus du mercantilisme.

Mais, citoyens, puisque nous avons tant à nous plaindre du mercantilisme égoïste, à vue courte, pourquoi ne chercherions-nous pas à modifier, dans le sens le plus large et le plus libéral, la distribution ou vente des produits ? Rien ne s'oppose, il nous semble, à l'organisation des sociétés coopératives de consommation sur tout le territoire français. Vous connaissez l'honnêteté de principes de ce nouvel agent de distribution. Rappelons-nous qu'opposée à tous moyens arbitraires de lucre, la société coopérative de consommation protège les intérêts multiples des producteurs et des consommateurs : ce sont là des titres sérieux pour que nous la considérions comme le moyen facile et sûr de rendre l'application de l'impôt unique proportionnelle au revenu aussi équitable que possible. — Vous n'avez pas oublié non plus, que la société coopérative a pour but de reprendre aux intermédiaires les quelques milliards qu'ils prélèvent sur la production pour leurs services. — Eh bien! si nous appliquons, comme dans les assurances, une partie de ces milliards à l'impôt : alors, l'impôt ne coûtera plus rien à personne et, l'Etat n'aura que des frais de perception insignifiants : nous le prouverons.

VI

Application des forces et moyens

Nous venons de faire un exposé sommaire, trop sommaire, peut-être, de la plupart des questions contenues dans le programme du congrès ; mais, citoyens, nous croyons avoir bien fait en suivant la ligne droite tracée pour nos débats : — arriver vite aux faits.

Le congrès n'a point pour but principal d'emmagasiner des théories ; il a un mandat plus élevé, c'est de produire des actes qui répondent aux besoins impérieux des travailleurs et à leurs légitimes aspirations.

Nous espérons que, très-circonscrites qu'elles soient dans leur développement, les considérations générales que nous avons émises, auront jeté assez de lumière sur les questions importantes que nous avons traitées devant vous, pour vous décider à prendre en considération deux projets coopératifs qui, dans leur application, doivent préparer la solution pratique de toutes les questions dont s'est occupé le congrès. Les deux projets que je dépose sur le bureau de l'assemblée, au nom des groupes que je représente, ont pour titre : 1° *Le crédit coopératif de France* ; 2° *L'équité, assurances entre consommateurs.*

Pour le groupe Vaillant, 125, rue Montmartre. — La société de consommation : *la Chaumontaise*, Chaumont (Haute-Marne) ; — La société de production, tailleurs, Vic-Fesenzac (Gers).

Le rappporteur délégué au Congrès ouvrier,

J. PIOCHE,

Employé de commerce et membre de plusieurs Sociétés coopératives de consommation et de production.

L'ÉQUITÉ ÉCONOMIQUE.

Statuts provisoires.

ARTICLE PREMIER.

Le groupe Vaillant, formé en vue du Congrès ouvrier prend, à partir du 15 novembre 1876, la dénomination suivante : *L'Équité Économique.*

ART. 2.

Son siége reste provisoirement, 125, rue Montmartre, à Paris.

ART. 3.

Le groupe s'organise dans le but de poursuivre l'extinction du paupérisme en France.

ART. 4.

Il a pour objet l'application de tous les moyens économiques qui peuvent contribuer à l'extinction du paupérisme : *Organisation du Crédit coopératif communal, des Sociétés coopératives de consommation, des assurances contre le chômage, les infirmités et la vieillesse,* etc.

Adhésions.

ART. 5.

Sont adhérents à l'Equité économique tous ceux qui souscrivent une somme *minima* de 500 francs au moins.

L'Équité Économique reçoit des adhésions de tous les points de la France.

Chaque adhérent doit procéder à la formation d'un groupe partiel dans son voisinage, s'il veut concourir au développement rapide de l'Institution. — Le groupe partiel peut opérer, sous sa responsabilité collective, la perception des cotisations. — Les versements peuvent se faire à *l'Équité économique,* au nom de chaque collectivité : point de départ de l'union coopérative communale des consommateurs et des producteurs.

ART. 6.

Les versements sont mensuels.

On ne peut verser moins de 5 francs par mois, lorsque la souscription s'élève à *cinq cents francs.*

Art. 7.

Si la souscription dépasse 500 francs, on verse, mensuellement, un franc de plus par fraction de cent francs.

Art. 8.

Les adhérents restent libres de faire des versements anticipés sur le montant de leur souscription. Les groupes partiels peuvent fixer le chiffre *minimum* de leur cotisation mensuelle, puisqu'ils peuvent verser collectivement à *l'Équité Économique*.

Art. 9.

L'adhérent, qui cessera de faire son versement mensuel, pendant trois mois consécutifs, sera rayé de la liste des membres fondateurs de l'Equité économique.

En acquittant les versements arriérés, il reprendra son rang parmi les fondateurs.

Formation de Société.

Art. 10.

Aussitôt que le groupe de l'Equité économique comptera cinq cents membres, ayant effectué le quart de leur souscription, tous les adhérents seront convoqués en Assemblée générale pour discuter et voter les statuts d'une constitution sociétaire définitive.

Lorsque l'Equité économique sera constituée et qu'elle réunira dans son sein des collectivités communales de producteurs et de consommateurs, assez nombreuses pour assurer à chacune d'elles la vitalité coopérative, elle procédera à leur organisation sociétaire indépendante, fédérale et solidaire.

Art. 11.

Jusqu'à la constitution définitive de la Société, les intérêts du groupe sont confiés à un Directeur-Trésorier sous la surveillance d'une commission de contrôle composée de trois membres.

Art. 12.

Le Directeur-Trésorier et la Commission de contrôle sont nommés en assemblée générale à la majorité des quatre cinquièmes des voix des membres présents.

Art. 13.

Le Directeur-Trésorier est nommé pour toute la durée du provisoire.

Il ne peut être révoqué que pour un cas grave.

Art. 14.

La Commission de contrôle se renouvelle tous les trois mois. Elle peut toujours être réélue.

Elle est chargée de convoquer les adhérents en assemblée générale.

Art. 15.

Ont été nommés à l'unanimité des voix les adhérents fondateurs dont les noms suivent :

Directeur-Trésorier : M. Pioche, *délégué au Congrès*, employé de commerce et membre de Sociétés coopératives de production et de consommation.

Membres de la Commission de contrôle : MM. Chalon, *délégué au Congrès*, tailleur-coupeur, membre de Sociétés coopératives ;

Minot, *délégué au Congrès*, comptable ;

Neveu, *ébéniste*, membre de Sociétés coopératives.

Art. 16.

Les procès verbaux des assemblées sont signés par le président, un membre du bureau et le secrétaire.

Applications économiques

Art. 17.

A partir du 1ᵉʳ décembre 1876, l'équité économique se charge d'acheter toutes sortes de produits pour le compte des consommateurs et des producteurs français et étrangers, qu'ils soient ou non adhérents.

Nomenclature sommaire des produits.

Approvisionnements alimentaires : Vins, eaux-de-vie, liqueurs, huiles d'olive et autres, chocolats, cafés, pâtes, légumes secs, etc.

Ameublements : Meubles, siéges, tentures, tapis, bronzes, porcelaines, cristaux, coutellerie, orfèvrerie, faience, verrerie, etc.

Tissus divers : Toiles, percales, lingerie confectionnée, lainage, soieries, cachemires, dentelles, broderies, draps. — Vêtements d'hommes. — Robes et costumes de femmes. — Cordonnerie, ganterie, etc.

Articles divers : Bijouterie, Joaillerie, fourrures, etc.

Objets d'art, de science et de travail : Tableaux, marbres, pianos, musique, instruments de mathématique, livres, machines et outils agricoles et industriels, matières premières, etc.

Art. 18.

Elle établit des rapports directs avec toutes les chambres syndicales ouvrières et les Sociétés d'agriculture et d'horticulture de France, afin d'être renseignée d'une façon permanente sur la qualité et les prix vrais des produits. Elle en établit aussi avec les Sociétés de production et de consommation de tous pays.

Art. 19.

Les achats ne sont confiés qu'à des agents compétents.

Art. 20.

L'équité écomique ne bénéficie point sur les achats dont elle est chargée.

Art. 21.

Le produit livré par l'Équité économique est imposé d'une prime d'assurance, moindre que celle *prélevée par les intermédiaires, pour payer frais généraux, dépenses personnelles, assurances contre les risques et constituer leur bénéfice net.*

Le bénéfice brut sera porté au crédit de chaque acheteur, qu'il soit ou non adhérent, et à son compte : *versement en espèces :* déduction faite des frais généraux du groupe.

Art. 22.

Un titre, constatant la quote-part du bénéfice net, attribué à l'acheteur, lui sera remis dès que cette quote-part s'élèvera à la somme de cent francs.

Art. 23.

Tous les acheteurs français et étrangers deviennent adhérents par le fait simple de leurs acquisitions. Ils bénéficient donc de tous les avantages que peut procurer l'équité économique.

Art. 24.

Pour diminuer les frais d'achats et de livraison chaque acheteur peut donner ses ordres au groupe partiel le plus voisin de son domicile.

Le Patronage républicain.

Art. 25.

L'Équité économique se place sous le patronage de la Droiture Républicaine.

Elle fait appel au concours de tous ceux qui veulent l'extinction du paupérisme en France.

Souscription en produits agricoles et industriels et en valeurs diverses.

Art. 26.

L'Équité économique reçoit des souscriptions en produits agricoles et industriels et en valeurs diverses.

Art. 27.

Elle prend livraison seulement, au fur et à mesure de ses besoins et des demandes qui lui sont faites. — Nul souscripteur ne peut lui imposer la livraison des produits ou valeurs qu'il a souscrits

Art. 28.

Les souscripteurs ne sont définitivement adhérents-fondateurs de l'Équité économique, que lorsque la livraison des produits ou valeurs effectuée, s'élève au quart de leur souscription.

AVIS

Les demandes de renseignements doivent être adressées au siège de l'Équité Economique, 125, rue Montmartre ou à M. Joseph Pioche, 28, rue du Mont-Thabor, près les Tuileries, Paris.

Les lettres non affranchies sont rigoureusement refusées. Celles contenant une demande de renseignements, doivent être accompagnées d'un timbre-poste.

Pour recevoir la brochure franco : Envoyer 30 centimes en timbres-poste. — Le coût de la poste pour cinq brochures est de 20 centimes. — 10 centimes par cent grammes.

PARIS. — IMPRIMERIE BERNARD, 9, RUE DE LA FIDÉLITÉ.

MODÈLE DE SOUSCRIPTION

A L'ÉQUITÉ ÉCONOMIQUE

le   187

Je soussigné, déclare avoir pris connaissance des Statuts provisoires de l'Équité Économique et y adhérer.

Je déclare en outre y souscrire pour la somme de ▒▒▒▒▒▒▒▒▒▒▒▒▒▒▒▒▒▒▒▒

que j'acquitterai entre les mains du Directeur-Trésorier, conformément aux Statuts.

Ecrire lisiblement {
Nom ou Signature.________________________
Prénoms.________________________
Profession. ________________________
Domicile. ________________________

Adresser à M. Pioche, Directeur-Trésorier de l'ÉQUITÉ ÉCONOMIQUE, 28 rue du Mont-Thabor, ou au siège, du groupe fondateur, 125, rue Montmartre, Paris.

PARIS. — IMPRIMERIE BERNARD, 9, RUE DE LA FIDÉLITÉ.